CAMILLE VALLAUX

Docteur ès-lettres
Professeur au Lycée Janson-de-Sailly.

LES CITÉS DÉVASTÉES PAR LA GUERRE

Études de géographie urbaine.

I

PÉRONNE

(Extrait de *La Vie Urbaine* du 15 avril 1919)

PARIS

ÉDITIONS ERNEST LEROUX

28, RUE BONAPARTE, VIe

1919

CAMILLE VALLAUX

Docteur ès-lettres,
Professeur au Lycée Janson-de-Sailly.

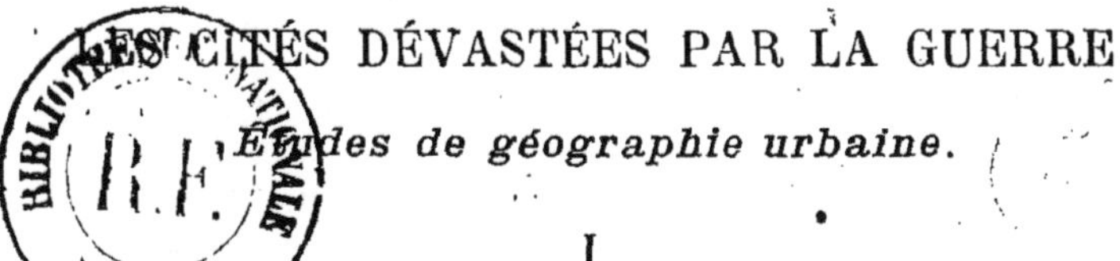

LES CITÉS DÉVASTÉES PAR LA GUERRE

Études de géographie urbaine.

I

Péronne

Aucune de nos villes n'a subi une destinée plus tragique que Péronne. Enlevée après de vifs combats par la première invasion allemande de 1914, elle retomba pour quelques jours entre nos mains à la suite de la bataille de la Marne. Le 27 septembre, les Allemands la reprirent au cours de leur grande contre-offensive ; la lente guerre de tranchées s'installa pour deux années à une dizaine de kilomètres dans l'ouest. Le 18 mars 1917, l'armée britannique entrait à Péronne à la suite de la première bataille de la Somme. Mais, un an plus tard, le 23 mars 1918, les Allemands s'en emparaient encore, après avoir rompu le front anglais de Saint-Quentin. Enfin, les victoires du mois d'août chassèrent à jamais les troupes germaniques de Péronne en ruines et des champs dévastés de la Somme. Pour la malheureuse ville, l'histoire de ces quatre années se résume en cinq grandes batailles qui ont fait rage en elle et autour d'elle.

Cela paraît en harmonie avec le passé de la petite cité. Péronne ne compte guère dans notre histoire que comme tête de pont fortifiée sur la Somme. C'est la ville gardienne d'un des principaux passages de la ligne d'eau qui couvrait au nord le vieux royaume de France. Péronne avait, à plusieurs reprises, défendu cette ligne avec honneur, notamment au siège de 1536 dont elle se glorifiait. En 1870 encore, elle avait subi le siège et le bombardement. Et, de prime abord, il semble que la tragique histoire de 1914-1918 ne fasse que continuer l'épopée guerrière de Péronne.

Mais ce n'est qu'une apparence. Allons au fond des choses. Au cours de la grande guerre, la ligne d'eau de la Somme, et, par suite, Péronne, n'ont eu aucune valeur stratégique. La Somme n'a protégé aucune des armées en présence : les batailles se sont livrées « à cheval » sur sa vallée, sur ses marais et sur son canal. Au point de vue politique et militaire, les lignes d'eau ont cessé de faire office de barrière (1) ; l'histoire de la Somme pendant la guerre le prouve d'une manière éclatante. Déjà, nous le pressentions avant la guerre, puisque nous avions détruit, en 1906, les vieilles fortifications de Péronne et comblé ses fossés. Militairement parlant, la position n'avait plus qu'une valeur tactique. Et l'événement montra que cette valeur n'appartenait même pas à la vieille ville forte, trop *commandée* au fond de sa vallée, mais à la butte de Mont Saint-Quentin, située à deux kilomètres au nord. La guerre a prouvé à tous que Péronne était morte comme ville militaire ; elle était morte depuis longtemps déjà, depuis l'accroissement moderne de la portée et de la puissance de l'artillerie.

Pourtant, Péronne a été prise et reprise, brûlée et ruinée. C'est qu'elle a eu la malchance de se trouver en pleine zone de bataille de Picardie, dans cette zone de flux et de reflux des armées où les fronts ont oscillé d'est en ouest et d'ouest en est pendant quatre ans. La ville de Péronne a été ruinée parce que tout a été ruiné autour d'elle. Elle a subi le même sort que Roye et Bapaume ; il est vrai que ces villes sont aussi d'anciennes places fortifiées ; mais le premier village venu de la zone de mort a été traité exactement de la même manière. Péronne, cette fois, n'a pas été spécialement visée, comme elle fut dans les guerres anciennes et jusqu'en 1870. Elle a partagé la destinée commune qui a réuni dans une même dévastation toutes les habitations, isolées ou groupées, d'une région que l'ennemi n'a voulu quitter qu'après l'avoir rasée jusqu'au sol, « bien qu'il soit difficile de ruiner vraiment tout un pays », comme l'avouait avec regret, en mai 1917, le *Berliner Tageblatt*.

En faisant abstraction des souvenirs touchants ou héroïques de l'histoire, et en considérant seulement l'intérêt régio-

(1) Nous avons soutenu et développé ce point de vue plusieurs années avant la guerre : voir C. Vallaux, *Le Sol et l'État*, Paris, 1910, p. 379-380. L'exemple de l'Yser n'infirme pas le principe. Par la rupture des écluses, l'Yser était devenu une zone d'inondation ; ce n'était plus une ligne d'eau.

nal de ce pays de Santerre dont Péronne, bien qu'elle n'eût guère que 4.5oo habitants, était en temps de paix un des principaux marchés, nous voulons rechercher s'il y a lieu de reconstruire la ville rasée. Cruelle question qui se posera et se résoudra par la négative, pour plus d'une localité détruite. Ce ne serait pas la première fois que la Picardie perdrait pour toujours des centres de groupement anéantis par la barbarie germanique. N'est-ce pas au cours de l'invasion de 1636 que Jean de Werth brûla et rasa Chipilly, qui, plus tard, se releva de ses ruines en se déplaçant? N'est-ce pas cette même année que furent détruits Maigremont et Miserville, qui ne se relevèrent jamais? (1). Mais Péronne, bien que petite ville, était un centre politique, commercial et militaire d'une certaine valeur. Pour elle, il convient donc d'examiner la question à fond ; s'il est utile, comme nous le pensons, de la relever de ses ruines, peut-être conviendra-t-il de profiter de son désastre même pour améliorer sa position et ses conditions générales comme centre urbain, même s'il y avait lieu de la déplacer légèrement, comme on le fit autrefois de Chipilly.

Dans cette étude, nous nous efforcerons d'abord de fixer les lignes essentielles de la géographie historique de Péronne. Le passé lointain et le passé récent nous serviront à orienter nos prévisions d'avenir. Car la guerre, même lorsqu'elle est aussi dévastatrice que celle que nous venons de subir, ne paraît un cataclysme qu'à ceux qui la considèrent à la surface. En réalité, elle n'interrompt pas la continuité profonde de l'évolution. Elle la souligne, la ralentit parfois, la précipite plus souvent. Il est donc nécessaire de jeter un coup d'œil d'ensemble sur les dix à douze siècles d'existence urbaine vécus par Péronne avant sa ruine.

I

A ne considérer que les forces de développement issues du sol lui-même, une ville naît et grandit en fonction de sa *position* et de son *site :* la géographie urbaine a déjà fait de cette distinction de base une notion banale. Les avantages et les inconvénients de la position se révèlent au seul examen de la carte ; ils peuvent très bien ressortir de l'étude d'une carte générale. Pour le site, au contraire, on ne discerne bien son caractère et ses effets qu'en joignant à l'étude d'une carte générale celle de cartes et de plans détaillés, ainsi que

(1) G. Ramon, *La forteresse de Péronne et la ligne de la Somme pendant les périodes suédoise et française de la guerre de Trente ans,* Péronne, 1881, p. 238.

des recherches sur place et cette information de l'œil dont l'étude de la position peut à la rigueur se passer.

C'est la position de Péronne qui a fait son passé historique. C'est elle qui l'a mise en vedette sur quelques-unes des pages les plus intéressantes de nos annales. La position géographique de Péronne, au coude de la Somme, sur un point d'où la vue s'étend à la fois en aval, vers l'ouest, et en amont vers le sud, a fait de cette localité une place forte, appuyée sur la ligne d'eau et consolidant cette ligne, ce qui était normal au temps où les lignes d'eau avaient une valeur de barrières. C'est comme place forte uniquement que presque tous les Français connaissent Péronne.

Et c'est à ce titre que Péronne est devenue un carrefour de grandes routes. Deux routes nationales s'y croisent ; une d'elles, celle de Paris-Lille, est une ancienne route royale. Mais ce croisement est bien postérieur à la place forte : ce n'est donc pas lui qui a fait la ville, c'est la ville qui l'a fait. Les anciens chemins historiques du Santerre et du Vermandois ne passaient pas à Péronne. La chaussée d'Amiens à Vermand, antique voie d'accès du bassin de la Somme, traversait la rivière à Pont-les-Brie. Péronne n'est pas, comme Amiens, un point de passage obligatoire pour la circulation dans le nord de la France. Les grandes voies ferrées se sont détournées d'elle ; elles l'ont privée, au cours du siècle dernier, de sa qualité de grand relai de route, que les Péronnais croyaient volontiers, faute de bien connaître leur passé, inséparable de l'existence même de leur ville. L'abbé de Cagny, rappelant que Louis XVIII, Alexandre Ier et Wellington ont passé à Péronne, ajoutait avec candeur : « Le privilège glorieux et séculaire de donner passage à tant de personnages illustres a été enlevé à Péronne par l'établissement des chemins de fer (1). »

La ville de guerre est donc antérieure au centre commercial et a toujours projeté sur lui son ombre. Mais il y a eu quelque chose à Péronne avant la ville de guerre. Et c'est ici que nous trouvons l'action du *site*, compris comme la synthèse des forces et des ressources locales qui poussent au groupement. Avant d'être une forteresse, Péronne a été une bourgade de pêcheurs. Avant de défendre la ligne de la Somme, elle a exploité le poisson abondant de la calme et profonde rivière, ainsi que le gibier d'eau des marais qui lui font cortège. Cette exploitation s'est prolongée d'âge en âge à travers la vie historique de la cité : à la veille de la guerre, elle durait encore, quoique son importance fût bien réduite.

(1) DE CAGNY, *Histoire de l'arrondissement de Péronne.....*, Péronne, 1868, I, 97.

Les *poissonniers* de Péronne ont été ses vrais fondateurs ; ils demeurèrent longtemps la corporation la plus active et la plus vivante du pays ; jusqu'à une époque rapprochée de nous, ils conservèrent leurs vieilles coutumes (1).

En fondant la ville, ils commencèrent la transformation de la rivière et de la vallée.

Il nous est difficile de nous faire aujourd'hui une idée de la Somme primitive, notamment dans son cours moyen, de Béthancourt à Bray-sur-Somme, c'est-à-dire dans la région de Péronne, où la rivière disparaît entièrement, masquée par le canal, œuvre humaine évidente, et par les étangs et marais, qui sont aussi presque exclusivement l'œuvre de l'homme (2). Lorsque notre administration a essayé de reconnaître le lit naturel de la rivière dans cette partie de son cours, elle n'a pu y parvenir (3). C'est par l'industrie de la pêche et par les barrages faits pour établir une série d'étangs que la transformation de la Somme a débuté dans le haut moyen âge, pour s'achever dans les temps modernes par l'établissement du canal. Le *Bulletin de l'Hydraulique agricole* affirmait, en 1894, que la série des étangs de la haute Somme, compris dans 19 fiefs différents, existait à une époque très reculée, et, en tout cas, avant 1219. C'est donc pour l'établissement de vastes réservoirs de pêcheries, munis de digues, de chaussées et de barrages à grillons, que l'ancienne Somme a été changée en un long ourlet d'étangs et de marais, dont les retenues des moulins ont encore accru la masse d'eaux stagnantes.

Il y a un point où les eaux de la rivière et des étangs, tout particulièrement profondes, s'étalent plus largement par suite de la rencontre d'une autre vallée. Ce point est celui où la Somme reçoit la Cologne ou ru de Doingt, mince cours d'eau qui lui apporte en moyenne, dit-on, 1383 litres par seconde, tandis que la Somme en roule environ 12.000. Sur ce point et sur la rive gauche, à la base de la colline de la Maisonnette,

----

(1) J. Dournel, *Histoire générale de Péronne*, Péronne, 1879, p. 442.

(2) Il n'est pas exact de dire, comme le général Bourrelly, que « les étangs, au milieu desquels la rivière disparaît complètement, sont l'image de ce que la vallée était précédemment ». G¹ Bourelly, *la vallée de la Somme au point de vue militaire*. Paris, 1899, p. 5. Voir A. Demangeon, *la Picardie et les régions voisines*, Paris, 1905, p. 140.

(3) Elle y serait arrivée, au moins pour la traverse de Péronne, si elle avait eu la curiosité de consulter les anciens plans de la ville. Le plan de 1652 indique nettement que le thalweg côtoie la rive gauche dans la haute Somme, au-dessus de Péronne, et la rive droite dans la basse Somme. J. Auger, *Plans des principales villes et ports de la mer Océane* (1652). B. N. Estampes Vf. 4 (2797), pl. 21.

sur l'emplacement du faubourg de Paris, les huttes groupées
des pêcheurs formèrent le premier noyau de Péronne. Là
était le vieux village de Sobotécluse, serré autour de son église
de Saint-Quentin-en-l'Eau, qui demeura pendant des siècles
la seule paroisse de Péronne, même lorsque le centre urbain
avait depuis longtemps émigré sur la rive droite (1).

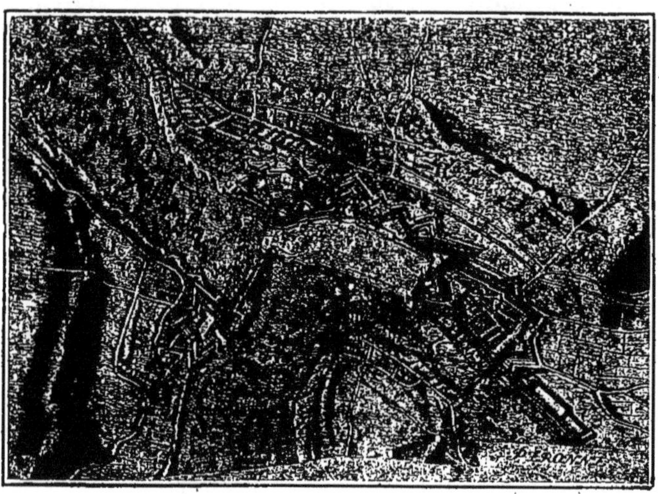

Fig. 1. — Vue cavalière des fortifications et de la banlieue de Péronne
en 1652.

Depuis une époque impossible à préciser, et en tout cas
bien avant l'entrée de Péronne dans la lumière de l'histoire,
les pêcheurs de Sobotécluse ont exploité le poisson de la
Somme ; ils ont été aussi des chasseurs, car ils chassaient à
la *hutte* la *sauvagine*, c'està-dire le gibier sauvage qui s'est
rapidement développé dans les marais de la vallée : canards,
sarcelles, râles, poules d'eau et vanneaux. Tout cela eut une
grande valeur, non seulement pour l'alimentation du pays,
mais pour l'approvisionnement de Paris, où Sobotécluse et,

(1) De Cagny, *ouv. cit.*, I. 37. A. Caraby, *Notice historique sur
Sobotécluse et le faubourg de Paris*, Péronne, 1886, p. 26. Il y a lieu
de rappeler les grands moulins du faubourg de Paris « qui avaient
pour la ville la plus grande importance. » A. Caraby, *ouv. cit.* p. 12.
Sobotécluse s'est fondée juste au point où le thalweg change de rive
et où, par suite, le cours naturel de la Somme s'élargit, comme
nous l'avons indiqué plus haut.

plus tard, Péronne envoyèrent une grande partie des produits de leur pêche et de leur chasse. On est conduit à penser, par l'observation directe de ce qui se passe aux champs aussi bien que par l'exemple que nous étudions, que nos géographes-économistes ont grand tort de traiter légèrement ou de passer sous silence les produits de cet ordre.

Les mœurs de la corporation des pêcheurs de Péronne, descendants de ceux de Sobotécluse, étaient très originales et pittoresques, et le demeurèrent jusqu'à une époque toute récente. Un érudit local les décrivait dans les termes suivants en 1861 :

« Ils voguent presque constamment sur leurs eaux avec leur barque et leurs filets. Partant le lundi au petit jour, ils ne rentrent que le soir pour souper et se coucher, n'ayant, pour ainsi dire, jusqu'au samedi, de contact qu'avec le poisson qu'ils pêchent. Ils passent le dimanche en famille, après s'être débarrassés de leur barbe hebdomadaire, et, autrefois, après avoir lissé leur queue. Car nous devons dire, pour l'édification de l'histoire, que c'est parmi les poissonniers du faubourg de Paris que nous avons vu la dernière queue ornant la nuque de leur doyen vénérable, qui avait nom Merlier et qui, muni de ses 80 ans, est mort sur son bateau. Mais, pour en revenir à leur profession, ils ne se bornent pas à tendre des pièges aux habitants des eaux de leurs marais ; ils ont encore une autre industrie. Ils s'adonnent, de temps immémorial, à la chasse du gibier d'eau, et, pour cela, ils se construisent, au milieu de la rivière, des huttes dans lesquelles on ne peut entrer que par derrière et où l'on ne peut être que couché ou tout au plus assis. La paroi antérieure est percée de trois meurtrières. Ordinairement, l'intérieur est garni de foin. A côté se trouve une petite étable où lé propriétaire de la hutte loge un certain nombre de canards privés. Cette petite construction se trouve extérieurement entourée de roseaux, de manière à simuler un massif de ces plantes. A l'approche de l'hiver, quelque temps avant le passage du gibier, le *hutteur* se forme vis-à-vis des meurtrières une belle plaine, un beau clair d'eau, en fauchant les roseaux au fond de l'eau. Lorsqu'il doit passer du gibier, ce que les vieux hutteurs reconnaissent à certains indices atmosphériques, armés d'un gros et lourd fusil, vulgairement appelé canardière, ils passent la nuit dans leur hutte ou y viennent de grand matin. Ils ont, dès la veille, attaché à des piquets et en trois lignes divergentes plusieurs de leurs canards qu'ils appellent des *judas*. Lorsque le gibier est abondant, on a vu des hutteurs tuer jusqu'à 20 pièces en une nuit. Les judas par leurs cris guident dans l'obscurité les troupes de canards sauvages. — Après la chasse, le hutteur lâche ses canards et leur laisse la liberté d'aller pâturer où ils veulent. Cependant, pour ne pas les perdre, il les marque par un certain nombre de petites incisions au bec et leur fait deux fois par jour une distribution de grain. Chaque hutteur a son cri particulier pour appeler ses judas, et pas un de ces derniers ne se trompe au cri de son maître, qu'ils entendent de fort loin (1). »

On voit par cette description que l'indùstrie des pêcheurs-

(1) F. G. Martel, *Essai chronologique et historique sur la ville de Péronne*, Péronne, 1861, p. 32.

chasseurs de Péronne s'exerçait sur d'assez vastes superficies d'étangs et de terres de marais soustraits à la propriété individuelle. Les pêcheurs formaient une corporation de *communiers* qui avaient un droit de jouisance collective (1). Leur industrie devait disparaître et disparut à peu près en effet, lorsque les étangs et les marais de la Somme furent découpés en lots et vendus à des particuliers. Cet événement eut lieu à la suite de la loi de partage des terres vaines et vagues du 6 décembre 1850, exécution de la pensée révolutionnaire de 1793 hostile aux propriétés communes. Le 7 août 1862 furent vendus les marais et les eaux dépendant de Péronne, de Biaches et de Sainte-Radegonde ; on aliéna une superficie de 60 hectares environ pour 50.080 francs (2). Cela entrava tout de suite l'industrie des *hutteurs* ; la pêche s'en ressentit bientôt à son tour ; car le dessèchement des marais suivit leur vente : l'exemple et le succès des *hortillonnages* tout proches d'Amiens déterminèrent les riverains de la Somme, à Péronne, à convertir les anciens marais et même les étangs en cultures maraîchères. Ces cultures sont les *hardines* (3) : les *hardiniers* forment une corporation nouvelle qui remplace à peu près celle des pêcheurs-hutteurs du temps de la communauté des marais, sans la rappeler en rien, puisque rien ne se fait maintenant par effort collectif sur l'ancienne zone d'eau où de nombreuses pêches et chasses avaient lieu autrefois en commun.

II

La bourgade de pêcheurs de Sobotécluse était sur la rive gauche de la Somme ; la ville fortifiée de Péronne est sur la rive droite. Première émigration d'un centre de groupement que son corset de pierre a fixé depuis lors en l'étouffant, bien qu'il montrât une tendance à se déplacer encore dans la même direction, c'est-à-dire du sud-ouest au nord-est.

Si la position de Péronne explique d'une manière générale, comme nous l'avons indiqué, sa naissance et son déve-

----

(1) Ce droit existait de temps immémorial ; il avait trouvé son expression écrite dans un règlement du 2 juillet 1733. A CARABY, *ouv. cit.*, p. VII.

(2) DE CAGNY, *ouv. cit.*, p. 67. A. CARABY, *ouv. cit.*, p. VII. J DOURNEL, *ouv. cit.*, p. 442.

(3) A. DEMANGEON, *ouv. cit.*, p. 155.

loppement comme ville militaire, ici encore les considérations de site ont également leur importance. Péronne est une forteresse des marais. Ce sont les marais qui lui ont valu sa longue réputation de ville difficile à prendre, bien qu'elle fût commandée de toutes parts par les hauteurs voisines. Elle était entourée de fossés larges, profonds et pleins d'eau, ce qui fut regardé jusqu'au XIX⁰ siècle comme la meilleure protection pour une place forte, ainsi que le montrent les soins pris par Vauban pour noyer les zones d'accès de ses places, partout où la chose était possible.

On ne peut donner un acte de naissance de la forteresse. Elle est sortie du néant en même temps que la frontière de la Somme, c'est-à-dire peu à peu, à mesure que les pays du Nord et les pays de la Seine s'orientaient, dès le haut moyen âge, vers des destinées politiques divergentes. Il semble que le premier noyau de la ville forte de Péronne fut constitué par une villa mérovingienne, dont fait mention la vie de Sainte-Radegonde par Fortunat (1) ; mais sans doute cette villa n'était pas encore sur l'emplacement exact de la ville actuelle ; elle devait être située vers la commune suburbaine de Sainte-Radegonde, que la tradition représentait encore, en 1770, comme aussi étendue autrefois que la ville de Péronne (2). C'est seulement autour du monastère élevé au VII⁰ siècle et dédié à saint Fursy que Péronne trouva son assiette définitive. Ses maisons et ses remparts se groupèrent autour de la collégiale de Saint-Fursy, sur le mont des Cygnes, « monticule dont le pied est baigné par le vaste marais que forme la Somme », ce marais où s'ébattaient autrefois de nombreuses troupes de cygnes dont les derniers ont depuis longtemps disparu (3).

Sur la motte naturelle du mont des Cygnes, s'éleva le vieux château féodal, construit d'abord en bois, qui servit de prison à Charles le Simple. Le château et la ville de Péronne dépendaient à cette époque du comté de Vermandois. Philippe-Auguste réunit la ville à la couronne en 1190 et lui donna une charte de commune en 1209. Alors commença vraiment, pour durer cinq siècles, jusqu'à la conquête de l'Artois par Louis XIII, l'histoire de Péronne comme gardienne de la ligne-frontière de la Somme.

Nous n'avons pas à suivre la ville dans sa destinée histo-

(1) A. LABOURT, *Essai sur l'origine des villes de Picardie*, Amiens, 1840, p. 226.

(2) E. DE SACHY, *Essais sur l'histoire de Péronne* (manuscrit de 1770 publié en 1866), p. 66.

(3) A. LABOURT, *ouv. cit.*, p. 221. J. DOURNEL, *ouv. cit.*, p. 1. F. G. MARTEL, *ouv. cit*, p. 28.

rique, dont les épisodes les plus connus sont l'entrevue mouvementée de Louis XI et de Charles le Téméraire, en 1468, et le siège historique de 1536. C'est son développement comme centre urbain qui nous intéresse. Ce développement se réduisit à fort peu de chose. Petite place de guerre, Péronne ne pouvait sortir de son étroite enceinte oblongue, dont les limites étaient fixées par la nature, c'est-à-dire par une ceinture d'eau marécageuse ou courante (1), sur laquelle trois lignes de ponts mettaient en communication la ville avec l'extérieur. « Notre ville avait, au XIIe siècle, la même enceinte qu'aujourd'hui », écrivait E. de Sachy en 1770 (2). Le vieux château de Charles-le-Simple et de Louis XI fut reconstruit, une dernière fois, sous Henri IV ; les fortifications furent modernisées au XVIIe siècle selon les principes de Vauban ; la ville remplaça peu à peu par des maisons de brique et des toits d'ardoises ses maisons de bois et de chaume (3), brûlées par les boulets rouges de 1536 et par de nombreux incendies ; mais elle demeura étriquée et ramassée sur elle-même (4), et la commune de Péronne, avec 660 hectares, constitue aujourd'hui encore un des plus petits territoires communaux de France.

Pourtant, au delà des flaques d'eau et des marais convertis en fossés pour la place forte, la petite ville allongea peu à peu quelques modestes faubourgs sur les grandes routes qui aboutissaient à ses portes. L'un d'eux, le faubourg de Paris, situé sur la rive gauche de la Somme, a même précédé la ville, puisque ce nom de faubourg de Paris est le nom moderne de Sobotécluse et marque simplement la subordination de l'humble bourgade de pêcheurs à la ville fortifiée. Le faubourg de Paris, protégé par un ouvrage à corne, devint un poste avancé de la forteresse. Deux autres faubourgs sont plus récents : ce sont Flamicourt, sur la rive gauche de la Cologne et sur les terrains où s'élève aujourd'hui la gare, et le faubourg de Bretagne, situé au nord-est, près du carrefour des grandes routes de Béthune, de Lille et

(1) Cette ceinture d'eau, indiquée par tous les plans de Péronne jusqu'en 1873, était en partie artificielle. Le plan de 1744 montre au n° 14, au nord-ouest, entre le château et le faubourg de Bretagne, la « *digue qui soutient les eaux dans les fossés du corps de la place* », et plus bas, au sud-ouest, au 29, « *le batardeau de Saint Radegonde* ». Cela indique qu'il fallait des travaux pour garder un niveau d'eau sur la partie nord-ouest de l'enceinte. *Topographie de la France, Somme*, B. N. Estampes, V. a 399, III, 5.

(2) E. DE SACHY, *ouv. cit.*, p. 50.

(3) DE CAGNY, *ouv. cit.*, I, 74.

(4) La vie conventuelle qui s'y développa y était peut-être pour quelque chose. Péronne était une ville pleine de couvents.

de Château-Thierry, c'est-à-dire au point où se fût portée de
bonne heure l'activité commerciale, si elle n'avait pas été
assujettie aux cadres rigides de la place forte.

Le quartier de Flamicourt était sur la paroisse de Doingt
et se trouve encore sur le territoire de cette commune, hors
de Péronne. Il existait à peine au XVIᵉ siècle : au siège de
1536, il n'y avait là que sept ou huit baraques de poissonniers. En 1770, le quartier comptait déjà 54 feux (1) ; il se
développait naturellement plus vite à la fin du XIXᵉ siècle,
depuis la construction de la gare et de la voie ferrée, ouvertes
à la circulation en 1873 ; Péronne venait vers sa gare,
comme y viennent toutes les petites et grandes villes de pro-
vince.

Au nord de Flamicourt, au delà des *hardines* et de l'étroit
ruisseau de la Cologne, le faubourg de Bretagne avait aussi
tendance à grandir. Ce quartier est beaucoup plus ancien
que Flamicourt : de bonne heure, dès le haut moyen âge,
l'extension de Péronne se fit de ce côté, le seul en vérité où
la ville pût se développer en terrain sec et où elle ne se
heurtât pas à une ligne d'eau ou de terres spongieuses (2).
Le faubourg de Bretagne, entouré de fossés, de palissades
et d'un mur de terre bastionné (3), devint le poste avancé de
la forteresse au nord-est, comme l'était le faubourg de Paris
au sud-ouest. Mais, comme c'était la partie la plus faible de
l'enceinte, ainsi que le montra le siège de 1536, de nombreuses servitudes y furent établies et gênèrent l'accroissement du faubourg (4). Longtemps, le faubourg de Bretagne
ne fut qu'un entassement de chaumines. Un incendie les
dévora en 1669, et l'on y proscrivit pour l'avenir les couver-
tures en chaume. Sage précaution, qui eut cependant le
fâcheux résultat de décourager un peu les bâtisseurs et d'en-
traver longtemps la croissance de Péronne de ce côté. Car,
faute de matériaux solides à portée, les petites villes et les
villages de la Somme étaient à peu près réduits au bois et
à la paille, avant le grand essor moderne des transports. Jusqu'en 1857, il y avait encore des chaumières dans le fau-

(1) E. DE SACY, *ouv. cit.*, p. 188. D'après le plan de 1744, Flamicourt était encore presque tout en jardins ; il se divisait en deux
parties, le Grand Flamicourt et le Petit Flamicourt. Séparé de
Péronne par de larges espaces d'eau, il n'était réuni à la ville par
aucune chaussée et par aucun pont. Il en fut ainsi jusqu'à la construction de la voie ferrée.

(2) DE CAGNY, *ouv. cit.*, I, 35.

(3) Telle était au moins la situation en 1815, au témoignage de
J. DOURNEL, *Histoire de Péronne*, p. 350.

(4) La vue cavalière de 1652 indique dans ce petit espace autant de
jardins que de maisons. J. AUGER, *ouv. cit.*, planche 21.

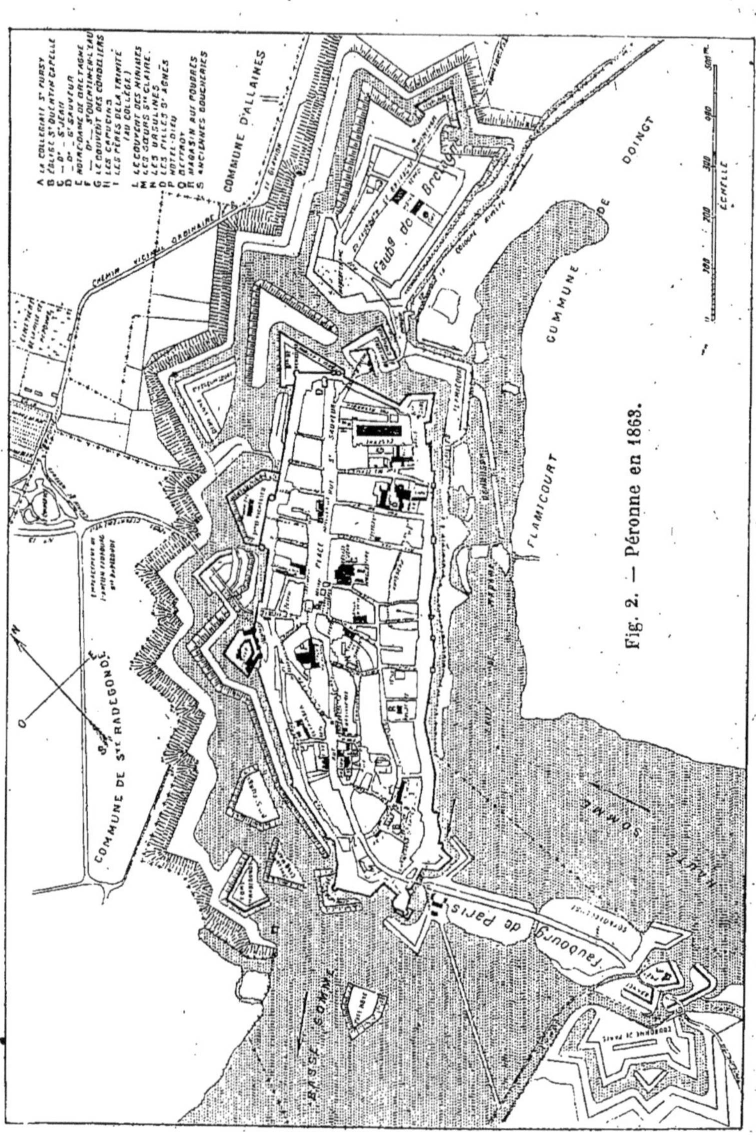

Fig. 2. — Péronne en 1868.

bourg de Paris, où l'on n'avait pas songé à les interdire (1).

L'histoire de Péronne, comme place forte des marais, prit fin pendant la guerre de 1870-1871. Du 3 au 9 janvier, l'artillerie allemande, postée sur les hauteurs qui commandent la ville d'une cinquantaine de mètres, la bombarda à son aise et la brûla en partie. Il devint évident qu'avec la portée croissante des bouches à feu, Péronne, comme Soissons et comme toutes les villes murées placées dans les bas-fonds et privées de forts détachés, n'était plus qu'un nid à obus. Elle fut déclassée après la guerre. Mais ses murailles durèrent longtemps encore : il vaut mieux ne rien dire de l'état d'esprit routinier et paresseux qui les maintint debout. En 1906 seulement, on se décida à les détruire ; en même temps, les anciens fossés et les étangs se couvraient de *hardines*. Le vieux château, témoin des anciens âges, fut seul respecté. Pour la première fois, depuis le temps des comtes de Vermandois, l'espace s'ouvrait à la ville de Péronne ; son corset de pierre n'était plus qu'un souvenir. Le temps manqua à la petite cité pour montrer si elle était capable ou non d'une extension importante. Huit ans après la destruction de ses murs, le fléau de l'invasion allemande s'abattait sur elle : elle était bombardée, brûlée, rasée et changée en une carrière de pierres et de murs croulants ; comme tant d'autres villes du front, elle devenait une sorte de Pompéi.

III

Depuis que les murs de Péronne étaient devenus inutiles et que son rôle de place forte était fini, c'est-à-dire depuis la guerre de 1870-1871, les forces qui maintenaient dans ce petit groupement urbain une certaine vitalité se dégageaient un peu mieux tous les jours, et de nouvelles forces venaient s'y adjoindre. Une sorte de renouveau commençait. Péronne demeurait un centre administratif et militaire. Mais l'évolution du pays qui l'entourait lui valait de nouvelles sources d'animation et de prospérité. Elle était déjà ce que les Anglais appellent une ville de marché rural, *market-town*. Elle allait devenir, elle qui avait été délaissée par les grandes lignes ferrées, un important point de bifurcation de voies d'eau. Tout cela est enseveli à l'heure présente sous les ruines ; mais tout cela doit renaître et revivre ; c'est là que se

(1) F. G. MARTEL, *ouv. cit.*, p. 102-103.

trouve pour Péronne la liaison du passé avec le présent et l'avenir, malgré le hiatus effroyable de l'invasion, de la destruction et de la ruine.

Il nous faut donc replacer la ville de demain dans le Santerre dont elle est un des centres régionaux ; il nous faut voir ce que la région donne et donnera à la cité.

Le Santerre est un grand pays rural. L'industrie de la bonneterie, disséminée çà et là, ne peut changer cette définition. Il est vrai que l'agriculture de Picardie prend un caractère industriel, car elle fait à la terre des avances coûteuses ; elle a besoin de nombreuses machines, et la transformation de son produit principal, la betterave sucrière, couvre le pays d'usines. Mais le perfectionnement de l'outillage ne peut faire méconnaître le caractère essentiel d'un pays où tout le monde vit du sol et de ses produits transformés directement et sur place. La région de Péronne, située entre les deux groupes industriels d'Amiens et de Saint-Quentin, demeurait avant la guerre profondément rurale. Cela ne veut pas dire qu'elle ne fût ni riche, ni progressive. Au contraire, nulle part le sol fertile de nos plaines du Nord ne donnait plus d'aisance à ses enfants : il avait suffi pour cela d'une mince couche de limon, recouvrant un substratum de craie infertile. Immédiatement avant la guerre, Péronne était la ville de France qui comptait, en proportion de sa population, le plus grand nombre d'automobiles.

Riche en céréales, en betteraves sucrières et en cheptel, le Santerre avait trouvé, pendant les trente années qui ont précédé la guerre, une nouvelle source de revenus dans ses poches de craie phosphatée, excellente comme engrais et exploitée comme telle. Ces poches se trouvent autour de Péronne, à Hem, Curlu, Éclusier, Suzanne, Bouchavesnes, Templeux-la-Fosse et Villeret. Les petits chemins de fer multipliés dans le pays, les *tortillards*, furent surtout établis pour cette exploitation, qui a tué à jamais dans le Santerre les anciennes petites industries rurales et a marqué une phase singulière du déracinement campagnard, en habituant les ouvriers agricoles à de forts salaires qu'ils ont voulu retrouver ailleurs, quand l'industrie des phosphates a dépéri. Car l'épuisement des gisements est venu assez vite : dès 1905, la production était stationnaire (1).

Mais la région de Péronne voyait s'ouvrir devant elle, par la prochaine ouverture du canal du Nord, un nouveau champ de vie et d'activité. Au cours du XIXe siècle, les voies de fer avaient retiré à Péronne les avantages que lui avait valu sa position de relai sur les grandes routes. Ces avantages sem-

(1) A. Demangeon, *ouv. cit.*, p. 54.

blaient appelés à lui revenir sous peu, au début du xxᵉ siècle, sous une autre forme. Au lieu des cortèges de personnages augustes que regrettait l'abbé de Cagny, Péronne allait voir passer sous ses murs des trains de péniches de charbon. Certainement, elle devait gagner au change.

La transformation de la lente et profonde rivière de la Somme, commencée par les poissonniers de Sobotécluse, s'acheva aux premières années du xixᵉ siècle, immédiatement avant l'âge des chemins de fer. Le canal de la Somme, qui a presque partout supprimé l'ancien lit du fleuve sans se confondre avec lui, en absorbant à peu près toute l'eau du bassin, fut ouvert en 1824 de Saint-Simon à Ham, en 1825 de Ham à Péronne, et en 1826 de Péronne à Amiens (1). Communiquant par Saint-Quentin avec le réseau des canaux du Nord, il apportait le charbon à la région industrielle d'Amiens. Son mouvement était inférieur à celui des grands canaux du Nord et de l'Est, surtout parce qu'il se terminait en impasse vers la mer et n'avait pas de grand port à son débouché maritime. Cependant, dès 1900, le tonnage effectif atteignit 539.590 tonnes entre Amiens et Saint-Simon. La ville de Péronne tirait de cette voie d'eau l'avantage de se procurer à bon marché la houille et quelques marchandises lourdes. Mais le canal ne lui donnait aucune chance nouvelle d'extension. Sans doute, il en eût été autrement avec l'ouverture du canal du Nord, qui bifurque avec le canal de la Somme sous les murs de Péronne.

A deux kilomètres en aval de la cité débouche sur la rive droite de la Somme le petit ruisseau de la Tortille. Les *communiqués* de 1916 et de 1918 ont appris aux Français le nom de ce mince filet d'eau, qui n'apporte à la Somme que 715 litres par seconde. Mais la Tortille avait déjà droit à une autre notoriété qu'à la notoriété guerrière. De sa source, au sud de Bertincourt, jusqu'à son embouchure, son vallon était suivi par le canal du Nord, qui était en voie d'achèvement en 1914. Le canal du Nord se confondait ensuite avec celui de la Somme en face de Péronne et en amont, jusqu'à hauteur de Nesle, pour se diriger de là sur Noyon et sur l'Oise. Ce canal avait été conçu et établi comme canal à grande section pour le gabarit fluvial ; on prévoyait pour lui un trafic animé, car, destiné à doubler le canal de Saint-Quentin devenu trop insuffisant et trop coûteux à agrandir à cause de ses souterrains, il devait transporter surtout les houilles et les marchandises lourdes de la région industrielle du Nord.

(1) A. Demangeon, *ouv. cit.*, p. 293. Le canal avait été commencé dès 1724 ; mais les travaux furent souvent interrompus.

Péronne.

Située au point de rencontre de deux canaux fréquentés,
la ville de Péronne semblait appelée à devenir le siège d'une
gare d'eau faite pour le transit et le triage fluvial, et raccor-
dée à la voie ferrée normale et aux voies étroites pour la
distribution régionale des marchandises dans le Santerre,
ainsi que pour la concentration des produits du pays destinés
au dehors et capables de voyager par eau, comme les phosphates. On ne pouvait guère prévoir pour cette gare d'eau
l'avenir d'un grand port fluvial : la médiocrité industrielle
du pays et la faiblesse du pouvoir de consommation local
s'y opposaient. Toutefois, nous pensons qu'elle était appelée
à une certaine activité, comme station à peu près obligée
des bateliers qui descendaient du Nord vers Paris et de ceux
qui bifurquaient du Nord vers la basse Somme. La ville de
Péronne en eût sûrement profité, surtout si la gare d'eau
avait été complétée par ce raccordement avec les voies ferrées qui est encore si mal réalisé chez nous; et qui, seul,
permet aux transports par terre et par eau de donner leur
plein rendement.

Il faut se pénétrer de ces conditions générales et de ces pro-
messes d'avenir, pour déterminer les lignes essentielles de la
reconstruction de Péronne. Si l'on procédait, sans en tenir
compte, aux opérations techniques du remembrement fon-
cier, du redressement du plan et de la reconstruction, on
s'exposerait à de graves déceptions, même si on rebâtissait
la ville sur le modèle attrayant et idéal des cités-jardins. Car
les courants économiques et sociaux qui font les centres
urbains ne s'orientent pas docilement selon nos vues. Ils
ne les suivent que si nous assurons d'abord à nos plans une
conformité générale avec les directions d'ensemble que nous
indiquent la géographie, l'histoire et l'économie sociale.

IV

D'abord, nous pouvons écarter absolument toute idée de
servitude militaire qui prolongerait pour la ville nouvelle
l'existence étriquée et assujettie de la vieille place forte.

La forteresse de Péronne a cessé d'exister ; elle ne renaî-
tra pas. Péronne est arrivée aujourd'hui au point où se sont
trouvées successivement Corbie, Roye et Bapaume : elle a
perdu toute valeur pour la défense du pays. Sa position
n'offre aucun intérêt pour le stratège, et le tacticien trouvera
que son site ne fait plus d'elle qu'une souricière. Seule, la
butte de Mont Saint-Quentin, sorte de presqu'île élevée entre
la Cologne, la Tortille et la Somme, constitue une position

naturellement forte et défendable. En août 1918, les Allemands l'avaient barrée de mitrailleuses et trouée de galeries souterraines. Mais, en admettant que notre génie militaire trouve utile de faire au Mont Saint-Quentin des travaux de fortification, ceux-ci ne pourront gêner en rien le développement de Péronne, située à deux kilomètres et davantage.

La ville sera donc libre de s'orienter selon les tendances de son développement comme petit marché régional et comme carrefour de voies terrestres et de voies d'eau.

Il apparaît de prime abord que rien ne l'oblige à demeurer dans le cadre étroit de l'ancienne ville forte, et que certaines bonnes raisons doivent la déterminer à en sortir. Avant tout, il y a l'hygiène générale de l'habitation et des habitants. Au milieu des étangs, des marais, et des brumes qui traînent en automne et en hiver dans les fonds de la Somme comme dans tous les creux arrosés du Santerre, le site de Péronne était « malsain et incommode » (1), même sur l'éminence centrale à peu près sèche du mont des Cygnes. Il est vrai que ces graves inconvénients avaient quelque peu diminué du jour où avait commencé la transformation en *hardines* des anciens fossés de la place forte. Mais, en raison du confluent de la Cologne et de la Somme qu'il était impossible de supprimer, il restait assez d'eau stagnante autour de Péronne, en 1914, pour lui valoir encore la réputation d'une ville malsaine. Cette réputation, elle continuera à la mériter, si elle est rebâtie exactement au même endroit. Pourquoi ne pas déplacer légèrement la cité rebâtie selon les directions où elle montrait depuis longtemps une tendance évidente à émigrer d'elle-même? Nous l'avons vu, ces directions sont au nombre de deux : l'une s'est révélée presque dès les temps les plus anciens de l'histoire de la cité, l'autre est plus récente, ou tout au moins le mouvement n'y a été stimulé que depuis peu ; la première est la direction du faubourg de Bretagne, né et grandi près du carrefour des routes de terre et où Péronne se serait portée il y a longtemps, si ses murs militaires ne l'avaient emprisonnée ; la seconde direction est celle du faubourg de Flamicourt, qui n'a grandi assez vite qu'en devenant le quartier des voies ferrées. Ces deux directions, si elles sont sui-

---

(1) A. Demangeon, *ouv. cit.*, p. 393. Voir aussi ce que dit E. Coët, *Fragments d'histoire locale*, II, 128 : « La ville de Péronne, entourée de hauteurs, assise sur le bord d'une rivière marécageuse, avec ses rues étroites, ses maisons en bois dont les étages supérieurs se touchaient, interceptant l'air, offrait des conditions contraires à la santé publique ; aussi ne fut-elle pas épargnée par les différentes pestes qui désolèrent les cités voisines, à la suite des famines causées par les guerres et les dévastations. »

vies à la reconstruction de la ville, porteront Péronne dans une atmosphère plus saine et sur un terrain sec et solide, à l'est et au nord-est. Ce sera la continuation et sans doute l'achèvement de l'unique tendance vers l'extension que la petite ville ait montrée depuis mille ans, depuis les temps lointains de Sobotécluse. Elle s'est toujours portée ou a toujours voulu se porter du sud-ouest au nord-est.

Comme il n'y a pas lieu de prévoir un grand accroissement de population, ce déplacement entraînerait sans doute le dépeuplement et l'abandon du faubourg de Paris qui est à cheval sur les marais, et de la partie méridionale de Péronne. On conserverait ou on restaurerait, dans les monuments de l'ancienne ville, ce qui mériterait d'être conservé ou restauré, et cela d'autant plus aisément que les seuls restes notables du passé se trouvent dans la partie nord qui continuerait d'être habitée : ce sont le château et l'église Saint-Jean. Les terrains abandonnés seraient utilement employés à la création d'une gare d'eau et de voies ferrées de raccordement avec la gare de Flamicourt, tandis que le nouveau Péronne, construit en demi-cercle, selon la méthode des cités-jardins, depuis sa promenade actuelle du Quinconce (1) jusqu'au faubourg de Bretagne et jusqu'au quartier de Flamicourt, se développerait librement sur un espace triple de celui où se recroquevillait l'ancienne ville, tout en ne comptant qu'un nombre d'habitants égal ou peut-être inférieur : car il n'est ni possible ni désirable d'établir en plein Santerre un grand centre urbain.

J'ai entrepris le présent travail à cause de l'intérêt que je porte à la Picardie martyrisée et à une glorieuse petite cité qui, peut-être, a plus souffert que toutes les autres. Mais je voudrais, en élargissant la question et en la portant au-delà de la dramatique histoire de Péronne et de son avenir, attirer l'attention sur la nécessité de ne pas laisser périr nos petites villes écrasées par les obus allemands ou disloquées par les mines. Nous applaudissons aux plans de reconstruction de nos grandes villes ; nous adhérons de tout cœur à la généreuse idée de leur donner pour marraines des cités françaises ou alliées qui n'ont pas connu les horreurs de la guerre et qui sauront hâter la résurrection des villes détruites. Mais n'oublions pas nos petites cités. Elles représentaient une forme essentielle de la vie française, qui sera essentielle après la guerre comme avant, et peut-être davantage. Elles conservaient à peu près intactes les traditions de l'esprit local et

(1) Cette promenade a été créée au commencement du xix° siècle sur les premières pentes du Mont Saint-Quentin. F. G. Martel, *ouv. cit.*, p. 144.

régional, au milieu du dépeuplement des campagnes et de l'appauvrissement rapide de la vie rurale. Il y avait beaucoup d'alliage dans ces traditions : il y en avait de bonnes, de mauvaises, de touchantes, de ridicules. Peu importe : l'ensemble mérite d'être sauvé, car il servira, dans bien des cas, de point d'appui pour la reconstitution du sol français, pour son repeuplement, et, en un mot, pour la colonisation intérieure qui sera l'œuvre de demain.

Angers. — Imp. F. Gaultier & A. Thébert.